AF229096

LE

29 SEPTEMBRE 1880

A BORDEAUX

La Messe
LE BANQUET
Les Discours.

BORDEAUX
IMPRIMERIE ADRIEN BOUSSIN
18 et 20, rue Gouvion, 18 et 20

29 SEPTEMBRE 1880

A BORDEAUX

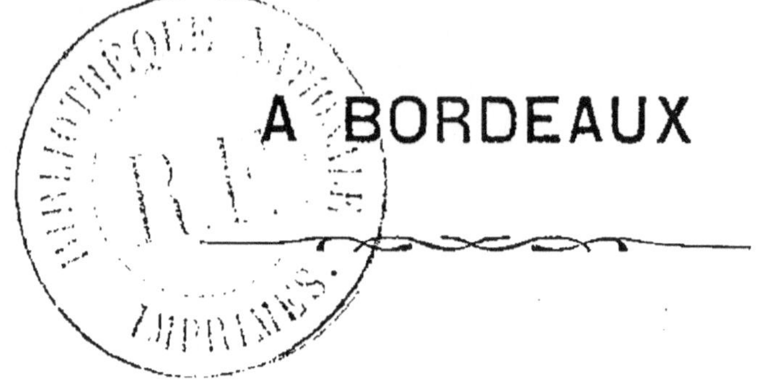

Sur tous les points de notre territoire amoindri par la Révolution, l'anniversaire de la naissance du Chef Auguste de la Maison Royale de France a fourni aux royalistes l'occasion d'affirmer, une fois de plus, l'inébranlable fidélité de leurs convictions politiques en même temps que l'indomptable ardeur de leurs patriotiques espérances. Partout, ce jour-là, des hommes dont la conscience n'a jamais vacillé, des hommes dont le devoir et non l'ambition guide l'intelligence, des hommes dont la foi réchauffe le cœur et vivifie les forces, se sont unis pour mettre en commun leurs sentiments, leurs aspirations et leurs prières.

Grâce à Dieu, Bordeaux peut revendiquer une place d'honneur dans cette grandiose manifestation, à la fois calme et imposante de la France royaliste.

Le matin du 29 septembre, à neuf heures et demie, une foule immense et recueillie se pressait dans l'église Notre-Dame, où la messe anniversaire de la naissance de Monsieur le Comte de Chambord était célébrée, au maître autel, par M. l'abbé Fraigneau. Pendant la cérémonie, plusieurs morceaux de musique religieuse ont été interprétés avec un rare talent par Mme L... et M. X... qui avaient bien voulu prêter le concours de leur voix sympathique à cette fête qui fût, et qui sera bientôt, nous l'espérons, une fête nationale.

Une quête fructueuse a été faite au profit des Écoles chrétiennes, si o lieusement persécutées aujourd'hui par les violateurs de nos droits et les oppresseurs de toutes nos libertés. Mme Desmirail, accompagnée par M. Blanchy, et Mlle Yvonne Bredif de Reverdy, accompagnée par M. de La Valette de Montbrun, s'étaient chargées de cette généreuse mission.

Mais quelles saintes et patriotiques émotions s'emparaient des cœurs des assistants, au moment où ils unissaient leurs prières, où ils confondaient, dans un même amour, et recommandaient à Dieu, dans une même invocation, cette France dont nous sommes les fils et l'héritier de ces Rois qui firent de nos pères le premier des peuples de l'Europe ! A la pensée du triste présent qui nous est fait par les égarements et les mensonges de l'esprit révolutionnaire, quelques larmes ont coulé, bien vite séchées par les rayons de l'espérance que tous, dans un même élan, demandaient à Dieu de réaliser à l'heure marquée par sa sagesse.

Le soir, à sept heures, près de douze cent royalistes se rendant à l'invitation de l'honorable M. Desmirail, président de la commission organisatrice du banquet, prenaient place dans les vastes jardins de l'établissement des Deux-Ormeaux, transformé, légalement, en un domicile privé. Une immense tente, décorée avec un goût exquis, abritait les tables des convives.

Dans les jardins, des lanternes vénitiennes blanches et bleues, disposées en guirlande tout autour de la tente, produisaient le plus charmant effet. A l'intérieur, le coup d'œil n'était pas moins ravissant. Sur les blanches parois de la tente se détachaient des cartouches sur lesquelles on lisait les nobles paroles que l'auguste petit-fils de saint Louis, d'Henri IV et de Louis XIV a si souvent adressées à la France :

« Le droit pour base, l'honnêteté pour moyen, la grandeur morale pour but. »

« Ma personne n'est rien, mon principe est tout. »

« Je n'ai qu'un désir, la gloire de la France, sa grandeur et sa liberté. »

« Je ne suis pas un parti, je ne veux pas revenir par un parti. »

« Je ne vois dans les droits que je tiens de ma naissance que des devoirs à remplir. »

« On peut abdiquer un droit : on n'abdique pas un devoir. »

« La Monarchie, c'est la Maison Royale de France indissolublement unie. »

« Gouverner ne consiste pas à flatter les passions des peuples, mais à s'appuyer sur leurs vertus. »

« Libre accès à tous les mérites, à tous les emplois, à tous les honneurs, à tous les avantages sociaux. »

« Je reconnais les intérêts nouveaux qui, de toute part, se sont créés en France. »

« *Je respecte la gloire contemporaine de la France, autant que les traditions de son histoire.* »

« *Je n'ai ni injures à venger, ni ennemis à écarter, ni fortune à refaire, sauf celle de la France.* »

« *Tout pour la France, par la France et avec la France.* »

Voilà, en quelques lignes, le programme de cette Monarchie que l'on voudrait représenter comme rétrograde, formulé par le prince qui en est l'illustre représentant, et dont les ennemis eux-mêmes n'ont jamais osé nier l'admirable loyauté et la royale droiture !

Des applaudissements unanimes ont éclaté lorsque l'honorable M. Desmirail, Président du banquet, a pris la parole. C'est que ce noble vétéran de la cause royaliste, a su prouver cette année, comme l'an dernier, que le temps n'avait pas plus de prise sur la virilité de son intelligence que sur la fidélité de son cœur. En 1830, procureur général, il n'hésita pas à jeter sa toge pour rester fidèle au Roi que la Révolution envoyait en exil. En 1880, il a repris la parole pour fêter l'anniversaire de la naissance du Roi que la Providence nous a conservé.

Voici le discours de M. Desmirail :

MESSIEURS,

Je viens de passer par de rudes épreuves ; la maladie s'était appesantie sur moi ; mais, malgré mon âge, Dieu a voulu me laisser encore au milieu de vous. Je suis heureux, Messieurs, de vous témoigner ma profonde gratitude pour l'honneur que vous m'avez fait, en m'appelant une seconde fois à la présidence de notre banquet du 29 septembre.

Je dis notre banquet, Messieurs, et à dessein, car nous en avons été les instigateurs ; et si nos amis ont presque partout suivi l'exemple et l'élan que nous leur avons donnés, c'est une satisfaction de plus pour nous. Lyon, Marseille, Nantes, Toulouse, Agen, que sais-je ? Paris même, qui s'est divisé en diverses sections. Mais quel que soit leur dévouement, il peut bien égaler le nôtre... le dépasser, jamais ! jamais !

M. le comte de La Myre Mory, à ma droite aujourd'hui, fut l'an dernier retenu chez lui par de vives souffrances : cette année, il les a vaincues, et c'est peut-être à sa jeunesse qu'il le doit ! (*App'audissements prolongés*).

Circonstance que je me plais à rappeler, c'est que le récit qu'il envoya l'année dernière sur l'enthousiasme dont il avait été le témoin à la naissance de Monseigneur le Duc de Bordeaux, fut lu par M. Balaresque, notre ami, lequel, il y a quelques jours à peine, s'est conduit si admirablement en venant au secours des naufragés d'une *Hirondelle* qui sombrait au milieu du fleuve. Chose remarquable, il était dans une frêle embarcation, qu'on appelle yole, surmontée de l'oriflamme de François Ier. Aurait-il puisé son courage dans les souvenirs chevaleresques du roi si vaillant? Honneur à M. Balaresque, l'un des membres de notre commission ! (*Applaudissements et cris de : Vive M. Balaresque !*)

M. de La Myre, en 1830, était un jeune et brillant officier ; il a quitté le service et terminé sa brillante carrière à peine commencée. Là, dans ses foyers, au milieu des siens, la constance et la fermeté de ses opinions, son dévouement à la cause monarchique l'ont rendu digne de la plus haute marque de confiance qu'un royaliste francais puisse obtenir. Véritable patriarche, aimé, vénéré de tous, il compte de nombreux enfants aussi fidèles que lui.

Dans une grande réunion, Messieurs, l'ordre et la régularité sont indispensables, et le Président est chargé de les maintenir ; je dois convenir que ma tâche n'est pas difficile. Organe de la commission du banquet, je dois seulement faire connaître les personnes qu'elle a désignées pour prendre la parole. Le premier nom qui s'offrait à sa pensée était celui de M. le baron Joseph de Carayon-La Tour.

Orateur éminent, soldat intrépide, prudent capitaine, la République a brisé son épée. Vous en connaissez le prétexte : il avait assisté au banquet de l'an passé. La raison véritable, Messieurs, c'est que la République redoute les hommes de cette trempe-là. Grâce au ciel, M. de Carayon-La Tour est resté notre représentant au Sénat. Nous allons l'entendre exprimer dans un beau langage les plus nobles sentiments.

Après lui, M. Lapène, héros chrétien de Castelfidardo, nous parlera de la France, de son éclat sous nos rois, des infortunes dont elle est maintenant accablée et de notre espoir dans l'avenir; il s'acquittera de cette tâche avec le talent qui le distingue.

Enfin l'Adresse à Monseigneur le Comte de Chambord sera lue par M. Blanchy, qui soutient avec tant de zèle et de dévouement la liberté de l'enseignement religieux.

Voilà le programme, Messieurs; je devrais m'y arrêter, mais comment passer sous silence les choses fatales que subit le pays depuis l'année dernière ?

La religion ouvertement et clandestinement poursuivie ; ses dignes ministres les uns déjà chassés de France comme des malfaiteurs, les autres menacés du même sort et dès demain

bannis peut-être ; les pères de famille privés
de leurs droits les plus sacrés ; grand nombre
de magistrats contraints de quitter leurs sié-
ges pour sauvegarder leur honneur et obéir à
leur conscience; beaucoup d'autres accusés de
forfaiture ; l'armée privée de ses chefs les
plus renommés... et, hideux contraste ! le
crime, non-seulement réhabilité, mais honoré,
récompensé !... et les auteurs de ces actes im-
pies, iniques, croyant s'abriter sous le suffrage
universel, instrument stupide digne de ceux
qui l'invoquent.

C'est simplement, Messieurs, un boulever-
sement social. Que penser enfin de cette ambition qui se cache, de cette dictature occulte
qui aspire à se montrer bientôt dans toute sa
splendeur en Bonaparte ou en Empereur Ier ?
Le peuple commence à s'indigner pourtant,
il ouvre les yeux et sa déception l'humilie ; il
s'indigne de penser qu'une flotte française est
expédiée sur les mers pour être commandée
par un amiral Anglais, résolution dangereuse
capable de compromettre la paix du monde.

Mais l'échafaudage qu'on croit si solide s'é-
branle, les changements de ministres médio-
cres, remplacés par des ministres plus médio-
cres encore, ne font qu'aggraver la situation. Est-ce le prélude d'une chute définitive ?

Peut-être. Les républicains feignent d'oublier leur propre adage : *Il n'est qu'un pas du Capitole à la roche Tarpéienne.* En effet, n'entendez-vous pas de toutes parts les longs gémissements de la liberté expirante ? Et cette source invisible de l'opinion publique qui grandit à chaque heure, qui est avec nous, qui est pour nous, la comptez-vous pour rien ? Non, Messieurs, le moment approche, l'heure est marquée où Dieu couronnera la vertu de la foi et de l'espérance !

Inutile de dire que les applaudissements les plus enthousiastes ont souligné les principaux passages de cette chaleureuse allocution.

A M. Desmirail a succédé le chef autorisé et vénéré des royalistes de la Gironde, M. le comte de La Myre-Mory, dont la tête blanche reste aussi fière et aussi droite, sous le poids des ans, que le cœur a su rester ferme et inébranlable à travers toutes les Révolutions. Lui aussi, en 1830, avait une carrière brillamment ouverte devant lui. Il n'hésita pas à briser son épée de capitaine, illustrée sur la terre d'Afrique, pour rester fidèle à lui-même et au Roi. A cinquante ans de distance, il est venu encore nous apporter l'émouvant exemple de son indomptable énergie et de sa vivante fidélité. Grâce à Dieu, nous saurons profiter de cet exemple !

Voici le toast porté par M. le comte de La Myre-Mory à Monsieur le Comte de Chambord :

MESSIEURS,

L'année dernière, à pareil jour, il ne m'a pas été donné de vous transmettre, moi-même, les impressions de mes anciens souvenirs.

Un ami, toujours prêt à rendre service, quand son dévouement ne s'élève pas, comme naguère, vous le savez, jusqu'à l'héroïsme (*Applaudissements*), un ami, bien malheureux aujourd'hui, avait consenti à me servir d'organe.

Le vœu, qu'il formulait en mon nom, c'était le sien, c'était le vôtre, Messieurs. Mais l'heure est à Dieu, comme la parole est à la France, a dit Monseigneur ; et Dieu a voulu qu'une heure sonnât, avant celle de la délivrance, l'heure du plus monstrueux démenti donné par la Révolution au décevant programme de la République : Liberté, Égalité, Fraternité.

La Révolution, à la face du monde entier, a renié, cette fois encore, ce programme dans ses actes, en lui substituant celui de la persécution. *(Applaudissements prolongés.)*

Plaise à Dieu que se réalise promptement la belle pensée du grand poëte :

« Le bonheur des méchants comme un torrent s'écoule. »

Que la voix de la patrie désillusionnée, mutilée, renouvelle avec nous le vœu de l'année dernière :

Vive et advienne en France Monseigneur le Comte de Chambord !

Des cris répétés de Vive le Roi ! et des acclamations prolongées ont répondu à ce toast qui formulait si bien tous les sentiments, toutes les aspirations, tous les élans de l'assemblée.

Voici maintenant le sympathique sénateur de la Gironde, l'héroïque commandant de nos mobiles, dont la République mesquine qui nous gouverne, ne pouvant amoindrir le caractère, étouffer la voix et nier le patriotisme, a cru devoir briser l'épée. Des acclamations chaleureuses, des bravos enthousiastes, des cris de : Vive notre commandant ! Vive le colonel ! ont empêché pendant un instant assez long, M. de Carayon-La Tour de prendre la parole. C'était là, vraiment, une de ces ovations sincères, spontanées, unanimes, qui récompensent bien des sacrifices et font oublier toutes les injustices.

M. de Carayon-La Tour s'est exprimé en ces termes :

MESSIEURS,

Notre honorable Président vous a dit que le Comité chargé d'organiser ce banquet avait prié mon vaillant ami, Ferdinand Lapène, soldat de Castelfidardo, serviteur du Pape et du Roi, c'est-à-dire de l'Église et de la France, d'être aujourd'hui, auprès de vous, l'interprète de nos sentiments ; mais, avant de lui donner la parole, il m'a demandé de vous adresser quelques mots, et, après l'accueil si amical que vous venez de me faire, je ne saurais me soustraire à son désir.

Ma première pensée est de vous proposer de porter deux santés : celle de M. le comte de La Myre Mory et celle de notre Président M. Desmirail, qui, malgré leur grand âge, ont tenu à prendre part à notre fête. Vous avez été émus, comme moi, des paroles si chaleureuses et si patriotiques qu'ils viennent de faire entendre dans cette enceinte. L'un, ancien officier, l'autre ancien magistrat du roi Charles X, ils ont parcouru, tous les deux, une longue carrière, en conservant pur et sans tâche ce dévouement à la patrie et cette fidélité au Roi, qui étaient l'apanage de notre vieille chevalerie française, celle qui avait le droit de se dire : sans peur et sans reproche. *(Applaudissements.)*

Rendons hommage, Messieurs, à ces nobles existences si dignement, si généreusement remplies, et demandons à Dieu de nous les conserver longtemps ; prenons-les pour guide et pour modèle, et nous serons assurés de marcher toujours droit dans la voie du devoir et d'éviter les bourbiers de ce monde. Porter la santé de tels hommes, dans une réunion aussi solennelle que celle-ci, c'est glorifier la fidélité, le courage et l'honneur. Aussi, certain d'être votre interprète, je bois à M. le comte de La Myre-Mory et à M. Desmirail. (*Longs applaudissements, cris répétés de : Vive le comte de La Myre Mory ! Vive M. Desmirail !*)

Permettez-moi encore de vous remercier d'avoir répondu avec empressement à notre appel et d'être venus, en si grand nombre, assister à cette réunion fraternelle. Je le fais avec d'autant plus de plaisir que l'on se sent ici véritablement en famille. Partout, en effet, où on porte les yeux, dans cette assemblée, on ne rencontre que des amis sincères, des cœurs qui battent à l'unisson, des Français qui tous ont pris pour divise et mot d'ordre : Dieu et Patrie. (*Vives marques d'adhésion.*)

Le 15 juillet dernier, Messieurs, un grand nombre d'entre vous avaient le projet de se réunir pour fêter la Saint-Henri ; mais Monseigneur le Comte de Chambord nous a fait savoir qu'en présence de l'exécution des décrets odieux du 29 mars, il désirait que ses amis, préoccupés comme lui de cet attentat porté à la plus sacrée de nos libertés, renonçassent pour le moment à toute réunion joyeuse. Dès-lors, nous avons dû remettre à aujourd'hui, 29 septembre, le plaisir de nous retrouver. Vous n'avez pas oublié le bonheur que nous avons éprouvé à pareille date, l'année dernière, à adresser ensemble à Henri V, l'expression de nos vœux et de nos espérances. La politique était alors remplie de nuages, la Révolution se présentait sous l'aspect des mauvais jours de notre histoire. Depuis, nos craintes et nos prévisions ont commencé à se réaliser; nous avons assisté déjà aux mesures les plus arbitraires et les plus révoltantes. Nous avons vu le gouvernement de la République violant les domiciles, crochetant les portes, chassant de leurs demeures des hommes respectés qui ont voué leur vie à instruire mieux que personne la jeunesse française et l'élever dans la crainte de Dieu, dans l'amour de la famille, dans le respect des lois et dans des sentiments de dévouement à toute épreuve à la patrie. Au moment où la Révolution en démence fermait ainsi les portes des couvents, comme on l'a dit à la tribune du Sénat, elle ouvrait celles des bagnes, et recevait en triomphateurs les assassins de nos soldats et de nos prêtres, les incendiaires de nos monuments, les pillards de nos richesses publiques. Ces républicains, fidèles à leurs traditions, n'ont pas hésité ce jour-là, comme par le passé, à sacrifier à leurs passions les intérêts et l'honneur de la France. (*Bravo ! Bravo !*)

J'ai été le témoin à Paris de toutes ces scènes lugubres, et le souvenir en restera toujours gravé dans ma mémoire ; je n'oublie pas non plus, qu'en 1870, en apprenant les désastres de Reischoffen et de Sédan, ils parcouraient les rues, des lauriers dans les mains, hurlant des chants de joie, et ne songeant qu'à profiter de nos malheurs pour s'emparer du pouvoir. L'histoire dira que par cette révolution accomplie au moment où l'ennemi venait de nous écraser, ils facilitèrent sa marche sur la capitale de la France. (*Applaudissements.*)

Oui, Messieurs, l'histoire, dans son impartialité, dira un jour, pour leur flétrissure ineffaçable, que le 4 septembre, à Paris, ces républicains ont été les éclaireurs et la pointe d'avant-garde de l'armée prussienne. (*Applaudissements prolongés.*)

Quand on voit des hommes qui ont passé leur vie à renverser, au nom de la liberté, tous les Gouvernements de leur pays, pratiquer ensuite avec un tel cynisme, lorsqu'ils arrivent au pouvoir, le mépris le plus profond de leurs prétendues doctrines, il faudrait avoir perdu le cœur et la raison pour ne pas ouvrir les yeux à la lumière, et on se demande comment il se pourrait faire qu'il y eut encore des gens honnêtes et sincères conservant un reste d'espérance de voir vivre la France avec la République. L'expérience est maintenant complète, car les événements de nos jours sont venus confirmer les leçons du passé. Il ne peut plus y avoir d'illusion pour personne et particulièrement pour ces Monarchistes qui, en 1873, confondant la modération avec ce qui n'est autre chose que de la faiblesse, et poussés par un sentiment de concession aveugle envers les idées du moment, se sont refusés à restaurer, en France, la Monarchie nationale. C'est alors qu'ils ont établi ce pouvoir éphémère, pour lequel on a inventé une dénomination nouvelle, *le Septennat*. Hélas ! ils ont été bientôt désabusés, mais au lieu de reconnaître leurs erreurs, de revenir franchement, résolument à la vérité, en rappelant le Roi, ils ont cru encore que l'on pourrait constituer un Gouvernement anodin, qui serait la République sans républicains, comme ils avaient espéré, par le Septennat, fonder une Monarchie sans

Roi, et ils ont eu le courage de voter la République, sans se rendre compte qu'ils devenaient ainsi les complices les plus dangereux de la Révolution. Puis ils se sont imaginés que la France allait comprendre quelque chose à ce que, dans leur esprit, avaient d'habile et d'ingénieux tous ces expédients divers. Qu'est-il arrivé? Il est arrivé ce que des gens de bon sens devaient facilement prévoir.

Quand des Monarchistes tenant en main le pouvoir et ayant, par suite, la mission d'éclairer, de diriger l'opinion publique de leur pays, ne savent pas lui indiquer avec franchise et fermeté où est la voie du salut, le pays troublé, indécis, ignorant de ses intérêts, la cherche lui-même, et alors les passions les plus mauvaises se mettent en mouvement, les appétits les plus acharnés se font jour par les calomnies et les mensonges, l'opinion publique est trompée, et au milieu du désordre moral qui se produit, le pays se livre au plus audacieux qui se présente. C'est ainsi que le pouvoir est aujourd'hui dans les mains d'un orateur de balcon qui, après avoir eu, en 1870, l'outrecuidance de s'improviser ministre de la guerre et de conduire où vous savez nos soldats pieds-nus et mourant de faim, après avoir été ensuite à Saint-Sébastien cacher sa honte et mettre sa responsabilité à l'abri des revendications, ne craint pas aujourd'hui de relever la tête, de parcourir notre pays en maître et de parler à l'Europe, au nom de la France. Et les Français subissent cette incroyable humiliation ! (*Mouvement d'indignation.*)

Ah ! Messieurs, au milieu de ce dévergondage d'esprit, au milieu de toutes ces défaillances, si cependant nous voulons être justes et parcourir de sang-froid et avec impartialité les pages de notre histoire contemporaine, il est facile de comprendre l'incertitude et la mobilité des impressions de la nation française ; il est facile de comprendre ses erreurs et ses fautes. Quand un peuple a été élevé, comme le nôtre, à l'école de la Révolution ; quand il a vu les révoltes triomphantes devenir, les unes après les autres, les Gouvernements légaux du pays ; quand, pendant quatre-vingts ans, on a cherché à étouffer chez lui tout sentiment de respect à la loi, à l'autorité, à la religion : s'il y a une chose qui surprenne, c'est que ce peuple tienne encore debout. Oui, si la France n'est pas morte, c'est parce que Dieu ne veut pas l'abandonner. Aussi, malgré nos malheurs, quelles que soient les folies, les méfaits et les crimes dont nous sommes les témoins, ne nous laissons pas aller au découragement. (*Non ! non !*) Notre pays reviendra à la raison et à la vérité, parce que, tenez-le pour certain, il y a encore malgré tout, quoiqu'on dise et quoiqu'on fasse, des sentiments de cœur et d'honneur chez la grande majorité des Français. (*Oui ! Oui ! Bravo ! Bravo !*)

Travaillons donc, Messieurs, avec courage, avec une abnégation sans réserve, à inculquer la notion du juste et du vrai dans l'esprit de nos populations plus égarées que mauvaises, et soyons indulgents pour elles. (*Applaudissements.*)

N'oublions pas que parmi nos adversaires un grand nombre ont été élevés par des parents sans foi religieuse et sans principes politiques, et il faut être tolérant pour les autres, quand, au contraire, on a eu le bonheur de naître dans une famille chrétienne. Quand tout enfant, en effet, on a vu sa mère pleurer pour Dieu et pour le Roi, on serait bien coupable... (*Applaudissements et acclamations.*) on serait un misérable ou un gredin de ne pas partager les sentiments de foi, d'amour et de fidélité que cette mère a gravés dans notre jeune cœur. Ah ! Messieurs, si parmi vous quelques-uns n'ont pas reçu ces leçons et ces exemples dès leur enfance au toit paternel, et si, par la force seule de la raison, ils sont devenus d'eux-mêmes de vrais chrétiens et d'ardents Royalistes, honneur à eux ! Qu'ils me permettent de leur dire : tout le mérite est pour vous. Mais, je le répète, Messieurs, soyons les uns et les autres indulgents pour nos malheureux concitoyens qui n'ont pas reçu ces faveurs du ciel et qui, tous les jours, sont indignement trompés par une presse odieuse et mensongère.

Vous le voyez, je vous apporte des paroles de paix et de concorde, au moment où nos adversaires ont déclaré une guerre à outrance à tout ce que nous aimons, à tout ce que nous respectons. Mais, si je suis porté à la commisération et à la pitié envers nos adversaires, soldats inconscients de leurs actes, il n'en est pas de même envers les chefs, envers ces hommes qui, ne voulant pas distinguer le bien du mal, ont une pierre à la place du cœur, et le regard toujours tourné vers le soleil levant, ne cherchent dans tous les actes de leur vie qu'à satisfaire, aux dépens de la Patrie, leur ambition et leurs passions haineuses. Vous interpréteriez bien mal le sens de mes paroles, si vous pensiez que mon intention est de vous demander de subir en silence le joug passager que veulent nous imposer les hommes qui nous gouvernent. Au contraire, en présence de leur arrogance et de cet abus de la force avec laquelle ils croient nous écraser, notre devoir sacré est de protester tous les jours, avec l'énergie de notre cœur en révolte, contre leurs actes criminels ; notre devoir est de combattre sans trève ni merci, avec les armes pacifiques que, pour le moment, la loi met dans nos mains. Un jour viendra peut-être où nos adversaires nous donneront les coudées plus franches. Ils trouveront probablement dans les lois véritablement existantes des sujets de gêne et de contrainte pour réaliser leur programme despotique ; ils se révolteront contre leur propre pouvoir, et, pressés d'accomplir leur œuvre de destruction, ils briseront les chaînes qui leur paraîtront entraver leur marche maudite, ils briseront les lois. Ce jour-là il n'y aura plus en France de tribunaux pour nous protéger, d'armée pour nous défendre, de prêtres pour nous bénir. Dans la première Révolution, vous le savez, la terreur était partout : les bons se cachaient ou fuyaient la France, les méchants régnaient en maîtres, ils fauchaient les têtes en pleine liberté dans toutes les classes de la société. Si, à Dieu ne plaise, nous étions destinés à voir des jours semblables, il n'y aura pas, je l'espère, cette fois-ci, de défaillances dans nos rangs ; nous devrons nous réunir et nous présenter en force, pour résister énergiquement à la Révolution et lui opposer une digue infranchissable. Messieurs, c'est alors avec la croix sur le front, notre drapeau dans la main, et une épée dans l'autre que nous devrons combattre pour nos droits et pour nos libertés. Défenseurs des saintes causes, nous ne pourrons pas être vaincus, car nous aurons Dieu pour nous. Soyons donc prêts à tous les événements ; mais je conserve la ferme espérance que nous ne verrons pas ces jours de malheur. Nos populations, éclairées sur les agissements de ces hommes funestes qui les trompent et qui les perdent, finiront par comprendre où sont leurs vrais amis. (*Longue approbation*).

Dieu prendra enfin la France en pitié. Ce n'est pas certainement sans une pensée de miséricorde et d'amour pour notre pays qu'il nous a donné un Roi le 29 Septembre 1820. Croyez-le-bien, la destinée d'Henri V est de sauver notre patrie, car la fille aînée de l'Eglise ne peut pas périr.

Pardonnez-moi, Messieurs, de m'être laissé entraîner à vous exprimer de sombres pensées, alors que le but de cette réunion est, au contraire, de nous réjouir par l'espérance, alors, surtout, que j'avais pris la parole pour porter la santé de nos vénérés Présidents et pour vous remercier d'être venus en si grand nombre fêter l'anniversaire de la naissance du Roi. Mais, dans les temps douloureux que nous traversons, quand la mission d'un honnête homme qui aime sincèrement son pays est de vivre dans la vie politique, d'asssister à la lutte des partis, d'être le témoin des faiblesses des uns, des turpitudes des autres, il a bien le droit, je vous l'assure, de réclamer votre indulgence, et il faut l'excuser si parfois des pensées, non pas de découragement, mais de tristesse, traversent son esprit.

Je vous demande donc d'oublier mes paroles. (*Non, non, jamais! Vive notre colonel! vive M. de Carayon-La Tour !*)

Je vous demande alors, Messieurs, de ne conserver de mon trop long discours que le souvenir d'une seule pensée, qui peut se résumer par ces trois mots ! Fidélité, courage et confiance. (*Applaudissements prolongés, acclamations, vive M. de Carayon-La Tour !*)

Encore sous l'impression de la parole éloquente et autorisée de M. de Carayon-La Tour, l'assistance a fait la plus chaleureuse et la plus sympathique ovation à M. Ferdinand Lapène, à ce vaillant et loyal champion de la cause royaliste et catholique, dont l'énergie et le dévouement se sont affirmés avec le même éclat sur tous les champs de bataille.

Voici le discours de M. Ferdinand Lapène :

MESSIEURS,

Le 29 septembre 1820, le Roi de France, désireux de rendre un gracieux hommage à la cité fidèle, donna le titre de Duc de Bordeaux au royal enfant dont la naissance éclairait d'un rayon de bonheur l'illustre Maison de Bourbon, depuis si longtemps soumise aux plus cruelles épreuves.

Le même jour, le Roi se présentant à la foule qui remplissait le jardin des Tuileries, lui fit entendre ces touchantes paroles :

« Mes amis, votre joie centuple la mienne ;
» un enfant nous est né ; il sera un jour votre,
» père, c'est alors qu'il vous aimera comme je
» vous aime, comme toute ma famille vous
» aime. »

Un long cri d'allégresse répondit au petit-fils de Louis XIV et au frère du Roi-Martyr.

En saluant d'acclamations enthousiaste le jeune Prince destiné à perpétuer la race auguste de nos Rois, la France entière témoignait de son amour pour la famille Royale et de sa fidélité au principe monarchique.

Comme l'a si bien dit un écrivain illustre :

« Ce jour là, les inconnus se parlèrent et les » indifférents s'aimèrent. Il semblait que toute » cette population n'avait qu'une âme, qu'un » sentiment, qu'une idée.

» Plus tard, il y eût des fêtes officielles qui » ressemblèrent à toutes les fêtes de ce genre ; » mais, dans cette matinée privilégiée et bénie, » c'était vraiment la fête des cœurs. »

Tel est, Messieurs, l'événement dont nous avons voulu solenniser l'anniversaire, et en l'honneur duquel nous sommes si heureux de manifester, d'une façon éclatante, les sentiments qui nous animent.

A l'exemple de leurs pères, les Royalistes de la Gironde resteront toujours les ardents défenseurs de la cause royale, et, s'il plaît à Dieu, ils mériteront qu'un jour le Roi de France prononce ces paroles que Louis XVIII adressait, le 31 mars 1814, à la population bordelaise, venue pour lui annoncer la fin de son exil :

« C'est, dit le Roi, avec ce sentiment qu'un » cœur paternel peut seul éprouver, que j'ai » appris le noble élan qui m'a rendu ma noble » ville de Bordeaux.

» Cet exemple sera, je n'en doute pas, imité
» par toutes les autres parties de mon royaume ;
» mais, ni moi, ni mes successeurs, ni la
» France, n'oublieront que les premiers ren-
» dus à la liberté, les Bordelais furent aussi les
» premiers à voler dans les bras de leur
» père. » *(Applaudissements)*.

Souvenons-nous, Messieurs, que Bordeaux
eut encore l'insigne honneur de posséder
longtemps, dans ses murs, celle dont la vertu
n'eût d'égale que l'infortune, Marie-Thérèse
de France, duchesse d'Angoulême.

Durant son séjour dans notre cité, les témoi-
gnages d'affection et de respect ne cessèrent
d'entourer l'auguste fille de Louis XVI, cette
princesse à l'âme si française, qui, à la veille
de sortir du Temple et d'être conduite à la
cour de l'empereur d'Autriche, son cousin,
laissa tomber de ses lèvres ces mots sublimes :

« Je suis loin de confondre la nation fran-
» çaise avec ceux qui m'ont enlevé tout ce que
» j'aimais le plus au monde. Sans doute je
» serais charmée de quitter la prison, mais je
» préférerais la plus petite maison en France
» aux honneurs qui attendent partout ailleurs
» une princesse aussi malheureuse que moi. »
(Applaudissements prolongés.)

N'oublions pas, enfin, que les dames de la

halle de la ville de Bordeaux, interprètes fidèles des sentiments de la population borde- laise, offrirent le berceau où reposa le Prince, dont la venue au monde fut saluée comme une garantie de paix par l'Europe entière.

Vous le voyez, Messieurs, notre histoire locale est féconde en traditions glorieuses et en chers souvenirs ; aussi, sommes-nous jus- tement fiers de notre passé et devons-nous être dignes de nos devanciers. (*Oui, oui! Bravo !*)

L'année dernière, à pareil jour et dans cette même enceinte, nous étions réunis comme aujourd'hui, pour affirmer hautement notre foi royaliste.

Rien, depuis cette époque, n'est venu ébranler nos communes espérances, et notre confiance reste invincible, parce que nous sommes au service du droit et de la vérité ! Oui, Messieurs, malgré les succès et les me- naces de nos adversaires, malgré toutes les injustices qui se commettent et dont nous sommes les témoins indignés, restons iné- branlables et ne désespérons jamais !

La Providence elle-même, voulant nous laisser entrevoir l'heure prochaine de la déli- vrance, nous a précieusement conservé Henri de Bourbon, le Prince le plus accompli de ce temps et le représentant traditionnel de la Royauté française.

N'a-t-elle pas aussi permis l'accomplissement de l'acte loyal qui est venu si heureusement refaire l'union de la Maison Royale de France et consacrer l'unité de la cause monarchique ?

Pour reconquérir son indépendance, sa gloire, sa splendeur, la France a besoin du Gouvernement tutélaire et réparateur des descendants de nos Rois.

Trompée sans cesse et toujours victime de ses plus dangereux ennemis, notre malheureuse patrie finira par reconnaître qu'elle ne saurait confier plus longtemps ses destinées à ceux qui outragent sa foi et qui violent ses droits les plus sacrés.

Ce jour-là, Messieurs, soyez-en certains, le joug odieux du régime républicain sera brisé et la Monarchie sera acclamée. Nous saluerons alors, aux cris de Vive le Roi ! Henri V, l'héritier de mille ans de gloire, le gardien fidèle du droit national, la revendication vivante des libertés publiques. (*Longs applaudissements*).

Qui de vous, Messieurs, n'a admiré la grande âme du petit-fils de saint Louis et d'Henri IV ?

Qui de vous ne sait que jamais Prince ne fut plus digne de monter sur le trône et plus apte à faire le bonheur de la France ?

Ses ennemis eux-mêmes ne sont-ils pas obligés de s'incliner devant cette noble et belle figure, toute resplendissante de loyauté et d'honneur ?

Innocent de tous nos désastres, étranger à nos discordes et à toutes les convulsions qui, depuis cinquante ans, n'ont cessé d'agiter la France, nul, autant qu'Henri V, n'est à même d'éteindre nos divisions et de grouper dans un seul faisceau toutes les forces conservatrices du pays.

A maintes reprises, sa parole royale a fait entendre des déclarations qui forment la base même du programme de la Monarchie nationale.

S'il pouvait être donné à tous les Français de les connaître et de les méditer, l'immense majorité acclamerait cette politique « à ciel ouvert, » essentiellement française, honnête, pacifique et respectueuse des droits de tous. (*Cris répétés de vive le Roi.*)

Serviteurs fidèles de la Monarchie, nous avons le devoir de répandre partout les doctrines et les idées de celui qui en est le Chef légitime.

Aussi, Messieurs, dois-je rappeler à vos

souvenirs certains points du programme royal, bien faits pour démontrer aux hommes de bonne foi que l'ère de prospérité et de paix, si souvent promise par les Républicains, ne sera réellement assurée à la France que le jour où elle reviendra à la Royauté.

La République, Messieurs, a de tout temps résumé son programme dans ces trois mots : Liberté, Egalité, Fraternité.

Or, de tout temps, la République s'est montrée despotique, partiale, violente, haineuse et sanguinaire.

Elle a donc manqué à toutes ses promesses.

C'est bien d'elle, qu'il sera toujours vrai de dire : Elle n'a rien appris ni rien oublié. (*Oui, oui ! Bravo !*)

Pour en établir la preuve manifeste, il suffirait d'interroger l'histoire et de contempler l'œuvre maudite qui s'accomplit au milieu de nous.

Mais j'ai hâte de détourner vos regards d'un spectacle aussi attristant pour des cœurs français et royalistes, et je veux vous montrer l'avenir réservé au pays par l'avènement au pouvoir de celui qui n'a jamais trompé et qui ne trompera jamais personne. (*Vive le Roi !*).

Le Roi, Messieurs, aime la liberté et veut en faire jouir la France :

« J'ai étudié, dit-il, j'ai travaillé toute ma
» vie, et, quoique puissent dire mes ennemis,
» je suis de mon temps autant qu'on puisse
» en être.

» Je suis libéral dans le sens chrétien et
» honnête du mot.

» Si Dieu m'appelle à régner sur la France,
» je maintiendrai toutes les libertés françaises,
» je restaurerai même celles que la Révolution
» a supprimées. »

« Le bonneur de la France ne peut être
» assuré que par l'alliance sincère des princi-
» pes monarchiques avec les libertés publi-
» ques. »

« La République inquiète les intérêts au-
» tant que les consciences. Elle ne peut être
» qu'un provisoire plus ou moins prolongé.
» La Monarchie seule peut donner la vraie
» liberté et n'a pas besoin de se dire conser-
» vatrice pour rassurer les honnêtes gens. »
(*Applaudissements*).

Le Roi, Messieurs, veut aussi l'égalité de
tous devant la loi ; il veut récompenser tous
les mérites et pratiquer la fraternité par une
politique de paix et de concorde.

Ecoutez plutôt :

« Quels que soient les desseins de la Provi-
» dence sur moi, je n'oublierai jamais que le

» grand Roi Henri IV, mon aïeul, a laissé à
» tous ses descendants l'exemple et le devoir
» d'aimer le peuple; c'est là un héritage qui
» ne peut m'être enlevé. »

« Le plus beau jour de ma vie serait celui
» où je verrais les partis rapprochés dans un
» commun patriotisme, la famille Royale réu-
» nie autour de son chef, dans les mêmes
» sentiments de respect pour tous les droits,
» de fidélité à tous les devoirs, d'amour et de
» généreux dévouement pour la patrie »

« C'est à nous de marcher en tête du mou-
» vement social, pour lui donner une sage et
» utile direction, de nous montrer toujours et
» partout les plus empressés comme les plus
» habiles à faire le bien et de prouver ainsi à
» la France et principalement aux classes labo-
» rieuses de quel côté sont les vrais amis et
» les défenseurs constants de tous leurs in-
» térêts. »

« Exempt de prèjugés, loin de me renfer-
» mer dans un esprit étroit d'exclusion, je
» m'efforcerai de faire concourir tous les ta-
» lents, tous les caractères élevés, toutes les
» forces intellectuelles de tous les Français à
» la prospérité et à la gloire de la France. »
(*Applaudissements*).

« Loin de repousser personne , je serais

» heureux, au contraire, d'accueillir tous les
» hommes utiles, dans quelque situation po-
» litique qu'ils se soient trouvés, à quelque
» nuance d'opinion qu'ils appartiennent, pour-
» vu qu'ils apportent au service de l'Etat un
» zèle éclairé et un véritable dévouement. »

« Je connais toutes les accusations portées
» contre ma politique, contre mon attitude,
» mes paroles et mes actes. Le jour où, vous
» et moi, nous pourrons face à face, traiter
» ensemble des intérêts de la France, vous
» apprendrez comment l'union du peuple et
» du Roi a permis à la Monarchie française de
» déjouer, pendant tant de siècles, les calculs
» de ceux qui ne luttent contre le Roi que
» pour dominer le peuple. »

Et enfin, Messieurs, résumant l'ensemble de
ses vues, le Roi s'exprime ainsi :

« Je veux un gouvernement réparateur et
» fort, conforme aux besoins réels du pays,
» avec un pouvoir fondé sur l'hérédité monar-
» chique, respecté dans son action, sans fai-
» blesse comme sans arbitraire, le Gouverne-
» ment représentatif dans sa puissante volonté,
» les dépenses publiques sérieusement contrô-
» lées, le règne des lois, le libre accès de cha-
» cun aux emplois et aux honneurs, la liberté
» religieuse et les libertés civiles consacrées

« et hors d'atteinte, l'administration intérieure
» dégagée des entraves d'une centralisation
» excessive, la propriété foncière rendue à la
» vie et à l'indépendance par la diminution
» des charges qui pèsent sur elle, l'agricul-
» ture, le commerce, l'industrie constamment
» encouragés , et , au-dessus de tout cela,
» l'honnêteté !

» L'honnêteté, qui n'est pas moins une
» obligation dans la vie publique, que dans la
» vie privée, l'honnêteté , qui fait la valeur
» morale des Etats comme des particuliers. »
(*Applaudissements prolongés*).

Il n'y a rien à ajouter, Messieurs, à ce magnifique langage et je tiens à vous laisser sous
l'impression de la parole Royale qui indique
si bien à la France la voie de la rénovation et
du salut.

N'oublions pas, cependant, |qu'à nous, les
fidèles de la Royauté, incombe le devoir de
lutter sans cesse.

Usons donc de toutes les armes que nous
tenons de la loi, afin d'assurer la victoire au
principe sauveur de la légitimité.

Je termine, Messieurs, en vous conviant à
porter la santé du Prince dont voici la patrio-
tique devise :

« Tout pour la France, par la France et avec
la France ! »

Le 26 juillet 1879, Henri de Bourbon écrivait cette phrase pleine de promesses :

« Avec la grâce de Dieu, je puis sauver la » France, je le dois, je le veux. »

Oui, Messieurs, le Roi sauvera la France !

En ce jour de la fête de l'archange saint Michel, vainqueur lui aussi de la révolte, demandons à Dieu de hâter l'heure du triomphe, afin que tous nous puissions être les témoins du relèvement de la Patrie !

Sur ce, Messieurs, debout ! et à la santé du Roi !

Vive le Roi !

Les acc'amations les plus vives et les cris mille fois répétés de : vive le Roi ! ont répondu aux nobles accents de M. Ferdinand Lapène, et c'est la voix vibrante d'une généreuse émotion que M. Edmond Blanchy, prenant à son tour la prole, a donné lecture de l'Adresse suivante, présentée par les royalistes de la Gironde à M. le comte de Chambord :

MONSEIGNEUR,

Vous êtes notre père, notre guide et notre chef. Cette exclamation du Dante à l'adresse du Pontife Romain vient naturellement sur nos lèvres, au jour de la fête de Monseigneur le Duc de Bordeaux, comme la formule du sentiment qui s'épanouit ici : l'amour du Roi.

Que d'autres, Monseigneur, aspirent après le retour du Roi, par lassitude, découragement, tristesse.

Nous, Monseigneur, nous aimons le Roi, et cet amour revendique le Roi à l'exil, pour le replacer sur le trône de ses pères, d'où l'injustice l'a chassé.

Le salut de la France le demande, car Dieu a ainsi fait le monde : que l'autorité de son Christ doit être respectée dans le gouvernement des peuples, sous peine d'anarchie ; que ce gouvernement doit avoir des représentants respectueux de l'autorité qu'ils exercent et· des droits de la conscience de chacun ; qu'en France les siècles ont confirmé l'autorité royale héréditaire dans la famille de Bourbon, et qu'à l'heure présente notre Roi est Henri V, exemplaire vivant des vertus commandées à sa race par le testament de saint Louis.

Aussi le saluons-nous comme le père, le guide et le chef de la France restée fidèle à ses traditions et à laquelle nous appartenons, anxieux de voir se lever le jour qui, ramenant le Roi, mettra fin aux complots de ces hommes qui pensent étouffer sous la loi du nombre, la loi de la justice, et dans un monde sans Dieu régner sur un peuple sans foi et sans espérance.

Progrès, travail, richesse, tout nous fuit sans le Roi, tout nous reviendra avec lui.

Monseigneur a dit :

La parole est à la France et l'heure est à Dieu.

Qu'il nous soit permis de répondre :

L'heure est à Dieu, mais la parole est au Roi.

Qu'elle se fasse entendre cette parole, car le peuple, détourné des initiatives honnêtes, égaré sur ses devoirs, trompé dans sa marche, est menacé de suivre jusqu'aux abîmes les chefs qui l'ont abusé ; car la France est menacée de mort par les lenteurs du poison qui chemine dans ses veines, sans qu'elle semble en avoir conscience.

La parole d'Henri V nous trouvera prêts.

Français toujours, nous aimons notre père, notre guide et notre chef, et nous saluons la fête de Saint-Michel par cette double affirmation de notre fidélité et de notre espérance.

L'heure est à Dieu, la parole est au Roi.

L'Assemblée toute entière s'est levée pour voter par acclamation l'envoi au Roi de cette éloquente Adresse, et c'est aux cris de Vive le Roi ! Vive la Maison Royale ! Vive la France ! que l'on s'est séparé, emportant dans le cœur les fortifiantes impressions de cette magnifique réunion, où s'étaient réchauffées et ravivées, au contact les unes des autres, les vieilles fidélités du passé, les généreuses aspirations du présent et les invincibles espérances que tous nous avons dans l'avenir.

Bordeaux. — Imp. A. Boussin, rue Gouvion, 20.